AF226791

RÉFUTATION

DU

RAPPORT DE M. THIERS

SUR LE

PROJET DE FORTIFIER PARIS.

PAR A. J. F.

On a souvent besoin d'un plus petit que soi.
LA FONTAINE.

PARIS,

TYPOGRAPHIE DE FIRMIN DIDOT FRÈRES,
IMPRIMEURS DE L'INSTITUT,
RUE JACOB, N° 56.

1841.

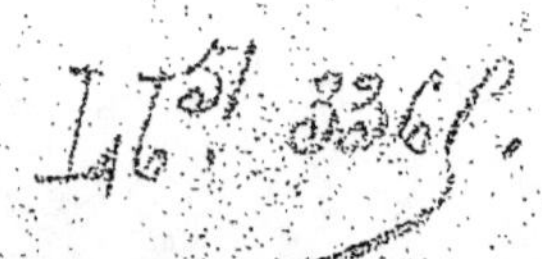

ERRATA.

—

Page 2, ligne 1re, au lieu de : ne pas avoir, lisez : *qui n'a pas.*

— 3, — 4, au lieu de : et non, lisez : *et non comme.*

— 15, — 12, au lieu de : moyens, lisez : *ressources.*

— 16, — 11, au lieu de : voir, lisez : *vouloir.*

— 26, — 4, au lieu de : qu'on obtient, lisez : *qu'on obtint.*

— 29, — 18, au lieu de : que le, lisez : *qu'au.*

— 30, — 2, au lieu de : à notre pays, lisez : *à la France.*

— 32, — 1, au lieu de : par passer, lisez : *à passer.*

RÉFUTATION

DU

RAPPORT DE M. THIERS

SUR LE

PROJET DE FORTIFIER PARIS.

—

Il faut qu'un homme ignoré, sans nom, compte bien sur le bon sens public, pour oser, sans autre appui que son instinct, sa conviction et son patriotisme, sans autre puissance que ce qu'il croit être la vérité et les intérêts du pays, attaquer l'œuvre souscrite de noms comme ceux des honorables députés qui ont conçu le rapport sur les fortifications de Paris, et l'ont présenté à la chambre par l'organe fascinateur de M. Thiers.

Lutter corps à corps avec cet héroïque enfant de la révolution, qui a si spirituellement tyrannisé sa mère, et disposé si courageusement de sa fortune; qui a rempli, depuis dix ans qu'il est né, de son nom, de son talent et de son influence, le monde, la tribune et les cent mille exemplaires des journaux quotidiens, c'est une audace qui ne peut avoir d'excuse que dans un bien ardent amour du pays. Cette passion, comme toutes les autres, peut avoir son aveuglement, mais elle n'exerce pas moins un irrésistible ascendant, puisqu'elle me pousse dans une arène où je puis être traité en Don Quichotte, et menacé du ridicule, lorsque d'autres obtiendront des couronnes civiques en combattant sous la même bannière.

J'aurai néanmoins le courage, dans ma modeste position, de commencer l'attaque en livrant à la publicité une réfutation de ce fameux rapport, et laissant à mes lecteurs à juger de quel côté seront la raison et la vérité.

Et d'abord, sur l'unanimité de la commission et sur l'adhésion du gouvernement, la première pensée qui se présente à l'esprit, c'est que l'orateur influent, dominant dans les discussions et les décisions de la commission, son président et son rapporteur, cette trinité toute-puissante s'est trouvée incarnée dans la personne de l'ancien président du conseil, sur lequel devait presque exclusivement retomber la responsabilité des faits qui avaient produit cette désastreuse situation.

Le président de l'ancien ministère, plusieurs membres du centre gauche, leur chef en tête, composaient la majorité de la commission : le premier est l'auteur de cette poli-

tique d'intimidation sans objet; les autres l'a-
vaient approuvée, soutenue. On doit donc con-
sidérer leur travail comme un mémoire justificatif,
et non une étude impartiale de la question.
Toutes les choses de ce monde qui se voient à
travers le prisme de l'intérêt personnel ou de
l'amour-propre, sont obscures ou dénaturées,
et malgré soi l'homme intéressé dans une question ne peut espérer d'y apporter un jugement
impartial : ce serait une faculté surhumaine.

Quant à l'adhésion du ministère actuel, il fallait, comme il a pris le parti de le faire, atténuer
le plus doucement possible les dangers d'une
politique aventureuse, et des fausses mesures qui
en avaient été les suites, par les restrictions et les
réserves qu'il a imposées, ou bien combattre
franchement les principes de cette politique, et
l'inconséquence et l'inutilité des mesures d'intimidation ordonnées par l'ancien ministère; c'é-
tait un acte d'accusation dirigé contre lui : de
tels partis à prendre exigent une énergie, un
dévouement dont la nature n'a pas doué les
hommes de notre siècle. C'est une réflexion, et
ce n'est point un blâme. Malgré nos profondes
convictions, nos débats de principes finissent
toujours par des concessions et des capitula-
tions. Pourquoi vouloir que les guerres finissent
autrement ?

On s'est fortifié, dit l'honorable rapporteur, de

1.

l'opinion des hommes spéciaux, des illustrations militaires, des plus habiles ingénieurs, enfin des constructeurs les plus expérimentés.

Tous les hommes de guerre, du génie militaire, les ingénieurs des ponts et chaussées, les constructeurs les plus expérimentés, ont émis des opinions sur lesquelles on s'appuie et qu'il faut respecter, qui même peuvent être incontestables sur une question de fortifications; mais l'exécution et l'application en sont une de gouvernement et d'économie politique, où les spécialités peuvent être insuffisantes.

On invoque l'opinion de deux hommes dont les travaux, le génie et la gloire imposent la soumission et la confiance : Vauban et Napoléon.

L'autorité de ces deux grands hommes, comme l'illustration, l'expérience et les supériorités spéciales des contemporains consultés, peut également jeter une lumière trompeuse sur cette question, qui a pris, de la constitution physique et morale des pays et des nations à notre époque, une face toute nouvelle. Le règne de Napoléon que nous touchons, dont l'influence se fait encore sentir, semble, comme le règne de Louis XIV, être reculé de plus d'un siècle, sous le rapport des idées, des organisations sociales, des mœurs et des passions des peuples, de leur politique et de leurs intérêts. Rien de nos jours ne ressemble à l'époque où vivaient ces grands capitaines. Leurs systèmes de guerre et de stratégie différaient autant entre eux que chacun d'eux, alors triomphant sous l'influence des circonstances et de leur génie, différeraient aujourd'hui des moyens d'attaque ou de défense qu'un grand capitaine devrait employer, et modifier en raison des causes et de la nature de la guerre qui viendrait à éclater. Je le répète : tout est changé, les pays par les voies de communication ; les peuples, par leurs mœurs, leurs intérêts, leurs besoins et leurs idées. La France est le pays des hommes en progrès ; on doit en espérer plus d'un dont le génie saurait utiliser tous les éléments de succès et de gloire qu'elle renferme ; et s'il fallait en demander d'auxiliaires à la vie des grands hommes dont on invoque le nom, c'est avec discernement qu'il faudrait les admettre. Leurs exemples sont des sources où l'on puise ; mais, quelque beaux que soient ces modèles, il ne faut pas les copier servilement.

Vauban avait pensé à fortifier Paris ; mais voici ses termes : *Il ne m'a point paru de jour propre à faire de pareilles ouvertures.*

C'est sous le ministère de l'honorable rapporteur, qu'il était réservé à la France de voir luire ce beau jour.

Et dans quelles conjonctures ?

Avons-nous à combattre une nouvelle coalition de tous les peuples de l'Europe?

Notre pays, notre gouvernement sont-ils menacés?

Notre honneur, nos intérêts sont-ils compromis?

Non, trois fois non.

Un pacha faisait la guerre à son souverain, menaçait de diviser l'empire ottoman, et en disputait une grande part. Les grandes puissances de l'Europe avaient, dans de bienveillantes conférences, reconnu, consacré le principe de l'indépendance de cet empire, nécessaire à l'équilibre des forces et à la sécurité des nations européennes; mais par des considérations diverses, chacune des cinq puissances appelées à ce congrès différait sur le sort futur de l'ambitieux pacha : on ne peut s'entendre sur ce point, et l'ambassadeur français, refusant de souscrire aux conditions longuement débattues, et consenties par les représentants des autres puissances, le traité est signé au nom de quatre : on le notifie à la France dissidente. Rien au fond, rien dans les formes d'injurieux pour elle, rien qui porte atteinte à son honneur, à ses intérêts.

Le ministère ne croyait pas à la possibilité d'un traité, à l'exclusion de la France : erreur. Première déception.

Les hommes se substituent aux choses, les amours-propres s'irritent, on négocie auprès des souverains pour empêcher la ratification.

Plus haut placés que leurs agents, ils marchent au but avec la conscience que la France ne pouvait s'en trouver offensée; la ratification se fait. Le ministère français n'y croyait pas : erreur.

Deuxième déception.

Par une diplomatie particulière, par des agents spéciaux auprès des parties belligérantes, le ministère espère obtenir une paix qui mettrait au néant le traité qu'il avait refusé de signer.

On échoue dans ces négociations, le traité s'exécute : autre erreur.

Troisième déception.

Des memorandum s'échangent; on lutte d'esprit et de finesse, et, comme au temps des susceptibilités, des vanités de l'absolutisme, tout en déclarant que ni l'honneur ni les intérêts de la France n'ont reçu aucune atteinte, dans l'une de ces hallucinations d'un cauchemar despotique, un songe bien flatteur vous métamorphose en un Louis XIV ou même en un Napoléon. C'est dans ces ténèbres que le ministère croit voir luire le jour désiré par Vauban. Le sort en est jeté, et sans s'effrayer de l'immense responsabilité qu'il encourt, le ministère prend un parti et donne un commencement d'exécution à des

mesures menaçantes pour l'Europe et désas-
treuses pour le pays.

On ordonne et commence des fortifications ;
on veut porter l'armée au pied de guerre, on
dissipe les fonds disponibles, et on se prépare,
aux risques de compromettre le crédit public,
à faire des emprunts, pour en employer les pro-
duits à se mettre sur un pied de guerre formi-
dable.

Et par quels motifs vient-on justifier tant
d'erreurs et de fautes? Par la crainte!

Quelle étrange alliance de présomption et de
timidité!

Dans une question où l'honneur et les intérêts du pays n'étaient point engagés, vouloir
imposer à quatre puissances alliées ou amies des
conditions sans importance; et parce qu'un succès d'amour-propre échappe à un ministre, menacer l'Europe, ou craindre son agression, jeter
dans le pays l'inquiétude, porter la perturbation
dans toutes les affaires, et enfin arriver à demander, non un bill d'indemnité pour l'emploi de
mesures exorbitantes de ses pouvoirs, mais la
sanction et la permanence de ces mesures qui
n'ont de prétexte et d'excuse que la crainte!

La France sentira cet affront, souffrira de ces
fautes; mais ses représentants n'en accepteront
pas la responsabilité par leurs votes. Il faut
l'espérer. Et si l'Europe avait besoin d'être inti-

midée, la juste et noble confiance dans notre puissance lui imposerait plus que toutes ces démonstrations fanfaronnes et ruineuses.

Les guerres de Louis XIV avaient des causes qui affectaient le pays, sans l'intéresser beaucoup : c'étaient des souverains qui faisaient battre des armées pour une préséance ou une offense vraie ou prétendue à leurs majestés, ou à leurs représentants, ou pour des intérêts de dynastie. Plusieurs fois la capitale a été menacée, mais jamais jusque-là elle n'avait été envahie. Napoléon, dont on invoque aussi l'autorité, a été le malheureux auteur de ce désastre, et c'est dans les tristes rêves de son exil, que ses regrets, et peut-être le sévère arrêt de sa conscience, lui ont fait émettre la pensée des fortifications de Paris, comme une espèce de justification ou une dernière consolation. Je n'entreprendrai point la pénible tâche de faire l'analyse historique des causes qui ont amené cette catastrophe : elles sont gravées dans la mémoire et le cœur de tous les Français.

L'honorable rapporteur rappelle un fait historique, concluant contre son système.

Dumouriez, sur les frontières du Nord, fut tourné par les Prussiens, qui marchaient sur Paris; son immobilité sur leurs derrières suffit pour les arrêter, et cependant la capitale était sans défense et dans l'anarchie. C'est que, d'après l'avis de ce général , et l'expérience l'a prouvé , il fallait avoir détruit l'armée française avant d'oser investir Paris.

Paris sans défense est donc imprenable , tant que la France aura des armées sur pied. Quand elle n'en aura plus , quand ses populations fatiguées resteront immobiles , aucune fortification ne sauvera la capitale.

L'honorable rapporteur , en faisant le tableau des efforts héroïques et désespérés d'une armée vaincue et presque détruite , et des dernières lueurs du génie militaire de Napoléon , en conclut que dix jours de dévouement ajoutés *à vingt-cinq ans de combats héroïques* , eussent sauvé Paris et la France d'une humiliation qu'elle avait fait subir aux autres capitales de l'Europe, « *et à ne faire que compter dans une question où compter est peu digne, on eût fait , dit-il , un bon marché de se racheter au prix de 500 millions, d'un milliard et demi qu'il a fallu payer à l'étranger.* »

Quelle dangereuse adresse dans cette affirmation , dont on se fait une autorité! L'esprit et la flatterie séduisent les peuples; mais , comme aux souverains , on leur doit la vérité , et il faut du courage pour la dire.

Quoi! malgré les désastres de 1813 et 1814, les armées anéanties et dispersées , les défections , la perte du matériel , l'épuisement de tous moyens de résistance , la division des es-

prits, le découragement de la nation, la renais-
sance des partis politiques, quelques jours d'une
résistance désespérée, faite par la population de
Paris, aidée même des débris de l'armée, eussent
sauvé Paris, et purgé la France des ennemis qui
l'avaient envahie !

Quoi ! les étrangers, qui, sans être des héros,
sont des hommes, mus de toutes les passions
natives avec leur espèce, après avoir vaincu tous
les obstacles, et pouvant inscrire le nom de Paris à côté de celui de leurs capitales envahies,
auraient mis bas les armes devant une résistance
si disproportionnée !

Il est trop douloureux d'entreprendre de
prouver le contraire et de se priver de cette
consolante illusion. C'est à la mémoire et à l'im-
partialité des Français qu'il faut en appeler, et à
l'opinion des chefs les plus dévoués et les plus
vaillants de nos armées qu'il faut se soumettre ;
la nation croira à leur sincérité comme à leur
dévouement et à leur honneur.

Pour un homme d'État comme pour une nation, il est d'autres ressources que le désespoir.
Il ne faut pas succomber imprudemment ; on
doit savoir se résigner à supporter un revers ;
quand l'honneur est sauf rien n'est perdu ; la
guerre a ses chances :

> Patience et longueur de temps
> Font plus que force ni que rage.

L'honorable rapporteur entrant dans tous les détails et voulant traiter la question sous toutes ses faces, dit que, de la question des fortifications, il en surgit une foule d'autres. Nous allons les rapporter et les discuter.

1° La situation dans laquelle on peut supposer Paris en péril, n'est-elle pas une illusion toute extraordinaire, qui ne peut plus se reproduire, pas plus que la révolution qui lui a donné naissance ?

2° En supposant que cette situation pût exister encore, doit-on défendre les capitales, et en particulier celle de Paris ? Si l'on aboutit au projet de défendre Paris, au moyen de fortifications permanentes, peut-on en espérer d'armer, de nourrir cette immense population parisienne ? Peut-on se promettre de lui donner le courage, le sang-froid nécessaires pour supporter les tourments d'un siége ?

3° Si cela est admissible, un tel ouvrage ne dépasse-t-il point, par son immensité, par sa dépense, les moyens du plus grand peuple ?

4° Enfin, les ouvrages à construire n'ont-ils pas, pour l'ordre et la liberté du pays, de graves inconvénients ? Faut-il, en un mot, une enceinte ou de simples ouvrages extérieurs ?

L'honorable rapporteur répond affirmativement à ces quatre questions; nous allons, nous, essayer d'y répondre négativement par la réfutation de ses raisonnements.

Il cite encore Vauban et les guerres de Louis XIV;
il dit que la France, dans une autre situation
qu'un état révolutionnaire, peut avoir à répondre à une ruineuse coalition ; que le grand Frédéric, et avant, Marie-Thérèse, ont soutenu des
guerres de coalition ; et il conclut par ces mots :
*Cela peut arriver à tout ce qui est grand et veut
ne pas cesser de l'être.*

Louis XIV a eu d'orgueilleuses prétentions ;

Frédéric d'ambitieuses prétentions ;

Marie-Thérèse des droits à défendre.

Ils ont soutenu des guerres dans leur intérêt.
Qu'est-ce que cela prouve sur la probabilité, pour
la France, d'avoir à combattre une coalition, et
surtout que les chances d'une guerre puissent
faire sentir la nécessité d'avoir la capitale for-
tifiée ?

Cette situation, dit encore le rapporteur, n'a
pas cessé d'être celle de la France depuis cin-
quante ans, en 1792, 1793, 1805, 1809, 1813,
1815. Enfin la dernière de ces époques a amené
la catastrophe de laquelle on prétend se garantir
par les fortifications de la capitale. Après l'apo-
logie de la révolution de juillet et du gouvernement qu'elle a constitué, le rapporteur finit par
dire : Et cependant, en ce moment, la France est
seule encore en Europe, comme au temps des
coalitions de 1792 et 1793.

Est-il possible de présenter une aussi fausse

comparaison, pour arriver à cette étrange conclusion, que la situation dans laquelle il impor-
terait que Paris fût fortifié, n'a donc rien de
chimérique, qu'il n'y a rien d'extraordinaire à le
prévoir, rien même de dangereux, si on le fait
avec calme, sans menace pour personne.

Mais en 92 et 93 le plus épouvantable des ré-
gimes, en France, menaçait l'Europe d'une perturbation générale : aujourd'hui tous les gouver-
nements respectent leurs principes; quoique
différents, on comprend la liberté des nations et
des individus. Le droit public est réglé par des
traités. Mais tous les peuples sont éclairés sur
leurs droits, connaissent leurs intérêts et leurs
forces; il ne dépend plus d'un souverain de compromettre l'existence de ses sujets dans un intérêt personnel ou dynastique; on sait que les
conquêtes arrachées à la violence n'ont ni durée
ni avantages; enfin, si la fatalité pousse une nation envahissante à vouloir usurper les richesses
ou le domaine des autres nations, toutes se ré-
volteraient, parce que l'équilibre serait menacé.
Voulons-nous donc prévoir cette situation? Non.
La justice entre pour quelque chose dans les
décisions belliqueuses des peuples, et s'il n'est pas
impossible, il est au moins improbable qu'une
guerre pour ces causes se reproduise de nouveau.
De quelle puissance isolée la France ne pourrait-
elle pas triompher dans une outrageante agres-

sion, et quel autre motif de coalition peut-elle redouter, que celui d'une violence perturbatrice de
sa part, qui menacerait les nations dans leur honneur, leurs intérêts, leur indépendance et leurs
droits. Cette supposition n'est pas admissible.

Non, pour toute autre cause que celle-ci, les
intérêts différents des nations de l'Europe s'op-
posent à une coalition de toutes contre une; et,
encore une fois, ce sont les nations maintenant,
et non pas les armées, qui se font la guerre.

Le rapporteur convient qu'avec moins de
moyens la France a tenu tête à l'Europe dans la
première révolution, et dit qu'elle avait alors
puisé sa force dans des moyens de terreur, et
que ceux qu'il propose auraient de plus utiles et
d'aussi efficaces résultats sans en avoir les dangers et l'odieux.

Il propose comme un moyen complétif :

Un matériel longtemps accumulé à l'a-
vance;

Des cadres bien organisés;

Une armée toujours préparée à passer du
pied de paix au pied de guerre;

Une réserve prête à la suivre;

Des gardes nationales disposées à donner
à l'armée l'appui de la portion jeune et valide
de la population;

Enfin des travaux considérables sur le sol.

Très-bien; voilà ce que l'expérience, la puissance, l'honneur d'une grande nation lui permettent, lui prescrivent de faire, *sauf les travaux considérables sur le sol*, pour lesquels l'excès et l'abus deviendraient presque une lâcheté et certainement une cause de dangers et de malheurs, qui ont échappé aux préoccupations de la commission.

L'honorable rapporteur dit que le temps du repos est souvent le temps de paradoxe. Le temps du travail l'est aussi quelquefois.

Comme il semble voir créer des objections ridicules, pour se préparer une réfutation péremptoire, il suppose des gens qui blâment toute espèce de fortifications.

Quel insensé, quel ennemi de son pays oserait conseiller l'abandon ou la négligence des villes fortes qui font la ceinture et les remparts d'un pays. Mais quel autre insensé oserait aussi proposer de les fortifier toutes. La tactique impériale a donné l'exemple de l'audace qui faisait dépasser et négliger des places fortifiées; cet exemple est devenu un système. Ainsi, il faut convenir qu'une armée d'invasion ayant dépassé et laissé derrière elle les forteresses du pays qu'elle attaque, peut ruiner sa défense et l'exposer à manquer du matériel nécessaire pour soutenir une longue guerre. Oui, en général, les forteresses sont les magasins d'armes et de munitions les plus sûrs, et les premiers arsenaux des nations ; il faut donc pourvoir à ce danger par quelques forts inexpugnables, s'il est possible, placés sur différents points du centre de la France ou autour de Paris, selon la décision des hommes compétents, dégagés, dans la solution de cette question, des préoccupations de l'esprit de parti qui souvent l'ont obscurcie ; vous aurez alors satisfait à tout ce que le devoir et l'honneur peuvent imposer de prudence et de précautions pour la défense et la conservation du pays.

Après avoir commenté les pensées de Napoléon, le rapporteur en fait ressortir la nécessité de l'enceinte continue et des forts détachés. Mais elle ne peut s'admettre que dans l'hypothèse des dangers fantastiques dont la supposition blesse les susceptibilités et presque l'honneur national ; et dans cette hypothèse même, dans la prévision d'une guerre d'invasion des armées réunies de toutes les puissances de l'Europe contre la France (toute autre supposition serait offensante), Paris sauverait-il la France? Une résistance sous ses murs amènerait-elle une paix plus prompte et plus honorable?

Sur la première question; oui, Paris fortifié arrêterait l'armée d'invasion quelques jours, quelque temps si voulez ; mais il y aura ou il n'y aura pas une ou plusieurs armées françaises, entières ou réduites, qui pourront encore tenir la campagne et menacer l'ennemi. Si ces armées sont encore imposantes, Paris, avec ou sans fortifications, mais avec sa population armée, peut se défendre sous ses faibles murs, et, retranchée dans l'intérieur, peut écraser l'ennemi dans chaque rue, dans chaque maison. L'héroïque courage des défenseurs de Saragosse est un bel exemple.

Si, au contraire, les débris disséminés d'une ou plusieurs armées vaincues restaient seulement errants, découragés, dispersés sur le territoire; si la population parisienne, ruinée, épuisée, mécontente des suites d'une longue et malheureuse guerre (car il faut ces désastreux résultats pour arriver à l'état prévu), reste inerte derrière vos fortifications; si la population des départements a subi l'invasion avec tous ses désastres; si elle ne se soulève pas *comme un seul homme*, oh! alors les fortifications, simulacres trompeurs d'une force qui n'existerait plus, seraient bientôt enlevées, leur artillerie tournée contre la capitale, et les malheurs s'accroîtraient en raison d'une inutile résistance.

Napoléon l'a dit aussi : « C'est un crime inutile de livrer une capitale aux horreurs d'un siége. »

L'honorable rapporteur, en flattant l'orgueil populaire, croit lui communiquer son héroïsme personnel. Erreur : il faut mettre ici la vérité à la place de la fiction. Tous les Français sont braves, intrépides, enthousiastes; l'histoire de tous les siècles leur accorde ces qualités; lions dans l'attaque et dans la victoire, de longs revers et des déroutes répétées les accablent et les découragent. C'est en rase campagne, devant l'ennemi, luttant corps à corps, assaillant à la baïonnette, qu'ils ont fait leurs plus beaux exploits; on cite plus de redoutes jugées inexpugnables enlevées par leur brillante valeur, que de retranchements défendus avec opiniâtreté.

Et, d'ailleurs, plus on continuera dans ce Paris une inutile défense, plus les dangers s'accroîtront, après tous les désastres qui auront amené son invasion. Le gouvernement, bloqué au centre d'une population de douze cent mille âmes, quoi que vous puissiez dire, resterait sans action, sans puissance, peut-être livré aux plus grands dangers, ou, comme nous en avons eu l'exemple, s'il restait encore une route ouverte, il se pourrait qu'on s'en disputât le passage pour mettre la dynastie, les archives, le trésor public, les plus précieux objets des musées, à l'abri du sac, de la barbarie et de l'ivresse de la soldatesque ennemie.

Tous les habitants dont l'aisance et la richesse alimentent cette grande cité, suivraient cet exemple. Il resterait alors de cette population la portion la plus brave, la plus audacieuse, mais aussi la plus inconstante, la plus impressionnable et la plus turbulente.

2.

A Dieu ne plaise que je veuille le calomnier! mais il faut cependant le dire, Paris est aussi l'ardent foyer des passions, et le refuge de bien des misérables. En admettant que l'enthousiasme patriotique emporte cent, deux cent mille hommes dans les fortifications, qu'ils veuillent se défendre, que laisserez-vous dans Paris?.... Une population de lâches, de malfaiteurs, de femmes et d'enfants livrés à la malveillance des factieux, qui les effrayeront de la famine; tout sera désordre et confusion. En doutez-vous? Voyez pendant la première révolution, l'influence des femmes sur la population, assiégeant les boulangeries, pendant les boulangers, ou conduisant l'armée parisienne à Versailles.

Rappelez-vous l'aspect de Paris, dans ces jours de deuil où le choléra sévissait sur sa population. Voyez encore cette partie égarée, exaltée de cette population, crier à l'empoisonnement, et menacer de mort tout ce que la malveillance désignait, sous plus d'un titre à leur aveugle frénésie.

N'en est-ce pas plus qu'il n'en faut pour dissiper les illusions de la commission?

A travers les spécieuses argumentations de l'honorable rapporteur, que je viens essayer de combattre, une vérité contraire à ce qu'il s'efforce de prouver, perce et vient frapper l'esprit de ses lecteurs.

Il dit : « Je ne sais à qui la destinée réserve de donner et de souffrir de tels exemples (d'invasions à la Bonaparte); mais je sais qu'il y aura de cruels mécomptes, car ces rapides invasions exigent de grands génies, etc.; quand des généraux inférieurs à celui qu'on veut imiter se permettent ces imitations ambitieuses, ils peuvent être corrigés par la fortune de leur témérité. »

Or, tout le monde, comme l'honorable rapporteur, reconnaît que la Providence est avare de tels hommes, et surtout peu disposée à les placer dans des circonstances semblables à celles qui ont élevé Napoléon sur le trône de France.

L'honorable rapporteur présente encore, comme une puissante considération, que la distance des frontières aux capitales est, pour la France et sur un seul point (soixante lieues de la frontière du Nord), inférieure à celle des autres capitales à leurs frontières.

Quelle puissance est limitrophe sur ce point? La Belgique? Mais, outre qu'elle est notre alliée naturelle, on pourrait dire forcée, est-il permis de redouter son invasion par ses propres forces? Et s'il lui faut l'adjonction de toutes celles d'une coalition, cela peut-il s'opérer sans que la France ait pu prendre des mesures efficaces?

De ce côté, François Ier pouvait craindre son dangereux antagoniste Charles-Quint ; Louis XIV une coalition provoquée par sa grandeur trop

vaine ; mais Louis-Philippe n'a rien à redouter
du roi son gendre ni de la nation belge, qui se
souvient d'avoir été française. Ainsi la Belgique
ne peut être que neutre ou alliée. Dans le premier
cas, c'est une barrière ; dans le second, une sen-
tinelle avancée. Le prétexte du rapprochement
des frontières et de la capitale tombe donc comme
les autres.

Ici l'auteur du rapport fait le tableau suivant
de la France. La vérité et la vivacité de ses cou-
leurs forment une opposition tranchante avec les
motifs qu'il invoque à l'appui de son système.

*Trente-quatre millions d'hommes couvrent un
sol d'une médiocre étendue.*

Ils vivent d'une même vie.

*Ils sentent, pensent et disent la même chose
presque au même moment, et se meuvent comme
un seul homme.*

*Elle doit à cet ensemble une force que n'ont
pas des empires plus considérables.*

Et c'est sous l'influence de telles pensées, dont
quelques-unes pourtant sont contestables, avec
la confiance en une force telle et de si puissants
moyens, que le rapporteur propose des précautions qu'il appelle de la prévoyance et que
d'autres taxent de timidité.

C'est ce qu'ont pensé des hommes spéciaux,
consultés par l'honorable rapporteur. Il dit :
« Certains d'entre eux soutiennent qu'il ne faut

pas se cacher derrière des murailles; » et la France, si délicate sur le point d'honneur, si confianté dans sa vaillance et sa force, pense de même, et l'exprimerait certainement si elle était consultée.

Conclure de cela, qu'il faut non-seulement une enceinte continue, mais encore des forts détachés, est-ce bien logique?

Après cette conclusion, l'honorable rapporteur rentre dans l'argumentation, et prête aux opposants à son système, cette puérile considération, « qu'il ne faut pas importuner Paris du bruit du canon. » Cela ne mérite pas d'être relevé. Mais lorsqu'il dit que Valenciennes et Lille recevaient des bombes en 1793, et savaient supporter les horreurs d'un siége dans l'intérêt sacré du sol, il emploie un argument incomplet : c'était non-seulement leurs villes que l'honneur des habitants et la garnison défendaient, mais les portes de la France.

Toutes les provinces frontières et les places fortes qui les défendent, sont par leur situation soumises à ces chances de siége et d'invasion; leur dévouement est la condition de leur annexe au sol de la patrie; elles ont des devoirs spéciaux à remplir, comme les villes ouvertes et manufacturières, comme les ports de mer, et c'est leur faire injure que de leur supposer une pensée haineuse ou envieuse à cause des priviléges nécessaires dont la capitale jouit dans l'intérêt du pays.

Partout le sol français est précieux et sacré pour ses habitants : tous ceux qui l'habitent ou le cultivent ont leurs devoirs et leurs dangers.

Personne ne contestera à la garde nationale, à la population parisienne, sa bravoure et son dévouement ; aussi, par tous les motifs développés plus haut, peut-on affirmer, avec confiance, que si son concours peut sauver Paris et la France, elle rendra ce glorieux service avec ou sans les fortifications demandées.

Il est d'ailleurs certain que des redoutes terrassées pourraient avec le zèle et la volonté de la population et de l'armée, sous la direction du génie militaire ou civil, être faites en peu de temps et tenir lieu momentanément de l'enceinte et des forts permanents, sans en occasionner ni les frais, ni les inconvénients.

L'honorable rapporteur, après avoir posé cette question : Comment nourrir Paris ? répond que son approvisionnement pour soixante jours est facile, que la viande fraîche présente des difficultés que l'on peut surmonter, il s'étend longuement sur tous les détails ; mais, sans admettre comme lui toutes ces facilités ou ces possibilités, nous négligerons de les combattre, puisque nos efforts tendent à en montrer l'inutilité.

L'honorable rapporteur affirme que jamais un ennemi ne restera soixante jours devant Paris : cela est possible, probable même, mais ce ne serait pas, selon nous, par cette raison qu'il donne, « *que dans ce cas ce ne serait pas Paris qui serait affamé, mais l'armée assaillante.*

Encore une fois, pour être devant Paris et s'y maintenir, il faudrait que l'ennemi eût défait nos armées; ses derrières alors seraient libres, il aurait à sa disposition tous les pays fertiles de la France, entre sa capitale et les frontières, et en supposant qu'il eût manqué à toutes les prévisions d'approvisionnement, qui sont le premier besoin et le premier devoir des généraux, il trouverait des moyens d'existence. On ne fait pas des plaines de la France une seconde Moscou. Ne supposons donc pas si stupide, un ennemi que nous redouterions au point d'élever tant de murailles et de bâtir tant de forts pour nous en défendre. Il aurait des vivres; et en supposant qu'il ne voulût pas courir les chances et les dangers d'un assaut, le blocus aurait bientôt affamé la capitale dont toutes les relations seraient coupées. Alors toute la population, au lieu de contribuer à la défense de Paris, centre du luxe et dépôt de tant de richesses, commencerait par demander et finirait par imposer une capitulation à ses plus déterminés défenseurs.

L'honorable rapporteur vante encore comme

une ressource, que Paris contient dans son sein
une prompte fabrication d'armes, et dit qu'en
1815 on y employa jusqu'aux horlogers. Il affirme qu'on obtient de grands secours de cette
fabrication. Je souhaite qu'il connaisse et juge
mieux les ressources qu'il propose, que ce malheureux essai de Napoléon; j'en ai vu les ridicules et les inutiles et dispendieux effets chez le
conseiller d'État comte Réal, qui était un des
co-inventeurs de ces fusils, dont les canons en
lanières de tôle contournées et soudées, ne résis-
taient pas à dix coups, et étaient plus dangereux pour ceux qui s'en servaient qu'aux ennemis contre lesquels étaient dirigés leurs coups.

Ici vient se placer l'aveu déjà fait du besoin de
la création de formidables forteresses ou forts,
pouvant servir d'arsenaux de réserve au centre et
sur plusieurs points autour de la capitale. Tous les
bons esprits s'accordent sur cette idée de l'honorable rapporteur, et sans vouloir, à son exemple, fixer Paris, Lyon ou tout autre point, nous
dirons que c'est aux hommes de l'art que la
question de situation doit être soumise.

L'honorable rapporteur, qui veut traiter toutes
les questions de détails, après s'y être livré d'une
manière plus étendue et plus minutieuse que
juste, selon nous, réduit en somme ronde à 140
millions le total à peu près certain de la dépense
à laquelle s'élèvent les plans adoptés par la com-

mission. Il combat comme une exagération ridicule les calculs de ceux qui portent cette dépense à 5oo millions au moins.

Laissons de côté les groupes de chiffres erronés, et l'adresse de la phraséologie qui les coordonne et les justifie. Quand on a contesté le fond, l'ornementation tombe avec la base.

Le rapport dit que Paris n'a pas droit à des priviléges refusés à d'autres cités, et cependant il en propose un immense dans les servitudes militaires auxquelles on le soumet, comparativement à celles imposées aux autres forteresses de la France. Il ne l'oblige qu'à une première zone d'enceinte de 25o mètres, tandis que les autres en ont deux de plus, une de 487 mètres, et une dernière de 874 mètres, ayant chacune de nouvelles servitudes.

On se dispense actuellement aussi de fermer l'enceinte par des portes, pour ne pas gêner la circulation.

On n'indemniserait personne ; mais il faudrait s'emparer par expropriation forcée, à défaut du consentement des propriétaires, de tous les terrains bornant les routes, pour y construire, au moment de la guerre, des ouvrages qui défendraient les portes ; mais dans ce cas le prix de l'achat excéderait l'indemnité, et les travaux restant à faire, en cas d'une invasion subite, la seule redoutable, pourraient, faute d'exécution, rendre à peu près inutiles ceux qui auraient déjà coûté si cher.

On a avoué que l'enceinte avait été repoussée par des hommes de guerre distingués ; d'autres, les généraux Bernard et Rognat, se trouvent en opposition avec les généraux Haxo et Valazé sur des forts détachés. Ces divers projets, avoue le rapporteur, ont passé de l'état de question d'art militaire à une lutte de parti, et cependant le rapport de la commission conclut à l'enceinte continue et aux forts détachés. L'argumentation d'embastillement de Paris ne peut, dit ce rapport, être basée que sur une défiance impossible envers le gouvernement, auquel cependant on n'abandonne qu'à regret le choix de la situation des forts, mais en se réservant de lui imposer l'obligation de n'en élever que de manière à placer Paris hors de la portée de leurs projectiles de guerre, et dans un rayon qui ne peut être plus rapproché que Vincennes. Quelle incohérence d'idées ! que d'inconséquences ! Cependant on s'appuie sur l'exemple de Gênes ; mais Gênes, c'était l'État, et Paris n'est qu'un point de la France.

Les forts défendant ou occupant les points qui dominent Paris, menaceront l'ennemi des dangers qui auraient menacé la capitale. Oui, tant qu'ils seront gardés par les troupes françaises ; mais, tombés au pouvoir de l'ennemi, ils le protégeraient contre des attaques sur leurs derrières, et ajouteraient à leurs moyens d'attaque ceux réservés pour la défense.

On suppose encore l'appui d'une armée française ralliée à la population parisienne. Mais cette armée est ou n'est pas en nombre pour soutenir l'effort des ennemis; si elle obtient cet avantage, d'après l'adjonction de la garde nationale et de la population agglomérée de Paris, une armée assaillante devant Paris ouvert ou fortifié, n'osera pas s'engager dans ce périlleux dédale des rues fortifiées par les maisons qui les dominent.

Il faut répondre, pour en finir, à deux phrases qui semblent vouloir flétrir d'un honteuse prévention, les hommes qui font de l'opposition aux plans de la commission. Certainement, on doit leur accorder autant de patriotisme et plus de liberté dans leurs opinions, que le ministre qui a pris sur lui la responsabilité de l'emploi de ces moyens de défense.

L'honorable rapporteur dit : *Dans une question où compter est peu digne, on eût fait même un bon marché de se racheter, au prix de 500 millions, d'un milliard et demi qu'il a fallu payer à l'étranger.*

Il termine enfin, en disant : *Ceux qui ne souhaitent ni vertu, ni force à la France,* disent qu'il faut reculer devant la grandeur de ces efforts.

Et nous qui, autant que qui que ce soit, souhaitons à notre pays, force et vertu, nous ajoutons à nos souhaits pour elle, ceux de la voir honorée, respectée, riche et puissante, nous disons que de si timides précautions sont indignes de sa vertu, de sa force, de sa puissance et de son patriotisme, les remparts inexpugnables de la France sont les bataillons de ses braves enfants.

Abordons cependant le chapitre des dépenses ; occupons-nous un peu des intérêts du pays, dans cette question où, selon l'honorable rapporteur, *compter est peu digne.*

Nous lui dirons d'abord que, dans notre conviction, partagée par les hommes d'art et d'expérience sur ces matières, l'achèvement des travaux demandés coûtera de 4 à 500 millions.

Que l'armement complet des forts et de l'enceinte continue, l'entretien de cet immense matériel, l'accroissement de l'armée pour fournir aux garnisons, élèveront encore la dépense d'établissement et d'entretien à une somme considérable, dont nous laissons l'évaluation aux hommes experts et la confirmation à l'expérience.

Nous lui dirons que déjà l'emprunt devenu indispensable, grèvera l'État d'une rente de 20 à 25 millions.

Que l'entretien de ces gigantesques travaux

ajoutera encore au moins un ou deux millions par an aux charges publiques; et que si on étendait ce système, comme on le fait pressentir, à Lyon et quelques autres villes, on n'en peut plus prévoir ni la dépense ni les frais d'entretien.

Nous lui dirons qu'il nous semble que son système place la France dans la situation d'un riche propriétaire, qui, possédant une délicieuse, élégante et riche habitation, sur le point le plus agréable de ses domaines, entouré de voisins, peut-être un peu envieux, mais moins riches et moins forts que lui, tout à coup emporté par une espèce de vertige, ferait métamorphoser sa délicieuse habitation en une forteresse, qu'il bâtirait au prix de ses revenus, de ses jouissances, de la fécondité de ses terres, se ruinerait pour se sauver de la ruine, et montrerait plus que de la timidité pour inspirer de la crainte.

Déjà le pays ressent les dommages que de semblables inquiétudes lui ont causés. Ils se composent de

3 ou 400 millions de perte sur la valeur des fonds placés sur l'État;

De pertes inappréciables dans tous les genres de commerce et d'industrie;

De celles occasionnées par l'augmentation du prix de location des capitaux numériques, qui se préparent, en s'accumulant dans les caisses particulières, par passer à titre onéreux dans celles de l'État.

Voilà les premiers effets de votre système; voyez s'il vous est permis d'en parler avec ce dédaigneux désintéressement, qui n'est permis ni à la prudence d'un homme d'État, ni à la prévoyance d'un homme d'ordre, et qui est impardonnable au dépositaire du pouvoir et à l'administrateur de la fortune publique. Maintenant, voyez si vous êtes fondé à dire, qu'il n'y a que « ceux qui souhaitent la France sans force et sans vertu, qui vous soient opposés. »

Pourquoi dédaigner de faire entrer la protection du commerce, de l'industrie, des intérêts matériels d'un pays, dans les hautes combinaisons politiques de son gouvernement? Comparez l'Espagne, toute vaniteuse au temps qu'elle avait une politique, avec l'Angleterre toujours mercantile et intéressée dans la permanence de la sienne : l'une s'est placée au premier rang des nations; l'autre est près de tomber au dernier. C'est une grande leçon pour un homme d'État.

Sans doute, la France a confié son gouvernement, depuis la révolution de juillet, à des hommes d'une haute capacité, d'une merveilleuse habileté et d'une puissante énergie, mais elle eût pu leur adjoindre la modeste expérience de quelques vieux administrateurs qui auraient empéché le budget de s'élever depuis dix ans de 950 à 1200 millions, auxquels il faut encore ajouter un budget extraordinaire de 450 millions, déjà et en quelques jours monté à 540 millions. Tout cela, pendant une période où cette révolution, crainte ou respectée, n'a reçu aucune agression étrangère.

Concluons que le plaidoyer spirituel et brillant de l'honorable rapporteur de la commission en faveur du système du ministère Thiers, peut être combattu, et qu'on peut, placé à un point de vue différent, voir les choses sous un tout autre aspect que lui.

Espérons enfin que la chambre et le pays, appelés à prononcer en dernier ressort sur ce conflit d'opinions dans une question vitale, y apporteront cette liberté d'esprit, cette indépendance d'opinions, cette pureté de patriotisme, qui feront triompher la vérité et sauront conserver l'honneur et la sécurité de la France, sans compromettre sa richesse et les éléments de sa prospérité.